Valéry FRÉZON

HISTORIQUE

DE

L'ANCIEN HOTEL DE VILLE

DE

MONTDIDIER

MONTDIDIER

Imprimerie du Journal de Montdidier

Léon CARPENTIER, Directeur

1899

ANCIEN HOTEL DE VILLE

DE

MONTDIDIER

Ancien Hôtel de Ville de Montdidier

L'HOTEL DE VILLE

DE MONTDIDIER

I

La construction de l'hôtel de ville fut au xie et xiie siècles, dans nos cités du Nord, la conséquence de l'octroi des franchises communales. Les habitants des villes, fatigués de la longue oppression que les Franks, durs conquérants des Gaules, avaient fait peser sur eux et leurs pères, relevèrent fièrement la tête. Une révolution commençait. Elle dura de nombreuses années.

« Nus sumes homes cum il sunt. » Nous sommes hommes aussi ! tel fut le cri que, dans les villes d'abord, dans les campagnes ensuite, les opprimés firent entendre aux oreilles des seigneurs. Dans les cités, les révoltés s'assemblèrent, se concertèrent et se jurèrent assistance dans la grande lutte qu'ils allaient entreprendre : d'où le nom de *conjurés* appliqué aux membres de la cité formée en commune. Dans les documents du xiie siècle, les mots *conjuration* et *commune* signifient la garantie réciproque organisée sous la foi du serment dans un but de réforme sociale. Cette réforme consistait à ériger l'universalité des citoyens en corporation libre investie des droits politiques, et ayant le pouvoir de déléguer les fonctions administratives et judiciaires.

Beaucoup de seigneurs durent entrer en composition avec les hommes de la cité et des transactions intervinrent ; une stipulation d'argent fut le paiement de l'indépendance accordée. Le roi lui-même dût faire comme les seigneurs. Il concéda une certaine liberté aux communes, soit parce qu'il redoutait leur ressentiment, soit parce qu'il voulait s'en faire des alliées contre un ennemi puissant. Ainsi, ce fut pour s'attirer l'amitié des Montdidiérins que Philippe Auguste leur accorda en 1195 une charte d'affranchissement. Nos ancêtres lui en furent reconnaissants, puisqu'ils l'aidèrent efficacement dans ses guerres contre l'Anglais et l'Allemand, et qu'en 1214, à la bataille de Bouvines, l'un d'eux, Pierre Tristan, lui sauva la vie.

C'était dans les églises ou sur les places publiques que s'étaient réunis les habitants des ville pour jurer, sur les choses saintes, le serment de se soutenir mutuellement et de ne point permettre

que l'un quelconque d'entre eux fût molesté. La charte obtenue,
ils bâtirent une maison municipale surmontée du beffroi, symbole
de l'indépendance. C'est dans le beffroi que se tenait le guetteur,
chargé de veiller jour et nuit à la sûreté de ses concitoyens. Dans
le beffroi fut aussi placée la cloche que l'on sonnait pour appeler
les habitants aux remparts lorsque l'ennemi menaçait la ville :

> Le beffroi qu'ébranlait une invisible main,
> S'éveillait de lui-même et sonnait les alarmes.

Dans l'hôtel de ville, siégeaient les magistrats de la cité, le
maïeur, les jurés, les échevins, le lieutenant du maïeur, etc.; les
marchands commerçaient ; les habitants se réunissaient pour
s'occuper des affaires communes. Au XIII° et XIV° siècles, on appe-
lait ces dernières assemblées *faire halle*; c'était le fameux par-
loir aux bourgois. A l'hôtel de ville, on organisait aussi des fêtes
de fraternité, car à ces époques, les citoyens s'estimaient et s'en-
tr'aidaient mieux qu'aujourd'hui. La justice y était rendue par le
maïeur conjointement avec les citoyens désignés pour ces fonctions et qui avaient juré de les accomplir fidèlement. Là aussi,
était gardé le trésor communal ; enfin, on y trouvait les cachots
où la police municipale enfermait ses prisonniers.

II

Les premiers hôtels de ville furent de proportions modestes.
Jusqu'au XV° siècle, ils ne différèrent guère des maisons particu-
lières que par le petit beffroi qui les surmontait. En 1357, l'Hôtel
de Ville de Paris n'était qu'un petit logis à deux pignons, qui tenait à plusieurs maisons bourgeoises.

A Montdidier, le premier hôtel de ville, qui se trouvait dans la
vallée à gauche de la chaussée qui conduit du moulin à la Plan-
che, à la petite croix de fer de la Madeleine, ne devait avoir rien
de remarquable, quoique construit sur un terrain de 1 hectare 71
ares 64 centiares ; très probablement, les cours et jardins occupaient la plus grande partie de cet espace.

L'Hôtel de Ville dont la façade se trouve ici reproduite est le
sixième construit en notre ville, les autres ayant été ou démolis
ou brûlés. Il fut élevé de 1620 à 1622. On ignore le nom de l'ar-
chitecte. Les travaux furent faits par l'entrepreneur Nicolas Le
Pot à qui ils avaient été adjugés moyennant 5.000 livres.

La maison municipale ne se composait alors que du seul pavillon formant une saillie de 4 m. 50 sur la grande place, et qui
était divisé en cinq pièces, deux au rez-de-chaussée, trois à
l'étage. Au dessus des combles, s'élevait le campanile ou beffroi,
de 5 m. 63 de hauteur, dans lequel se trouvait la cloche. Celle-ci,
qui a été placée dans le clocher de l'Hôtel de Ville que l'on vient
de construire, date de 1527 et non de 1526, comme on lit sur l'ins-
cription qu'elle porte. En 1526, on installa bien au beffroi d'alors,
une cloche qui avait été achetée 254 l. 10 s. à Simon de Brières,
cloquemant d'Amiens, mais comme elle ne donnait pas satisfac-
tion, il fallut la faire refondre l'année suivante ; de Brières, qui

fut chargé du travail, négligea sans doute de changer la date. On ne connaît pas exactement le poids de cette cloche. Si l'on s'en rapporte aux comptes, elle doit peser environ 2.245 livres. (1) Tout autour d'elle, on lit la légende que voici :

☩ POVR A LA CHOSE PVBLIQVE AIDER EN CE BEFFROY SANS VARIER
JE FVS POSÉE PAR L'ADVIS DE MESSIEVRS DE MONDIDIER
L'AN MIL CINQ CENTS VINGT-SIX

Les armes de la ville (une porte de ville avec sa herse levée et ses crénaux, surmontée d'un donjon et accompagnée de deux fleurs de lys de chaque côté, avec cette légende : Scel à causes de la commune de Montdidier) y sont répétées quatre fois.

Le campanile était surmonté d'un clocheton terminé par une fleur de lys. Il fut modifié en 1826 et 1827.

Le pavillon, en briques et pierres du pays, et à bossages, avait 7 mètres de large sur 9 m. 55 de haut. Voici la description que l'on donnait de sa façade primitive : Au-dessus de la porte d'entrée, qui était cintrée et accompagnée de chaque côté de deux pilastres doriques, cannelés et renflés, on apercevait les armes de la ville soutenues par deux Amours. La fenêtre de l'étage, également cintrée, ne descendait pas jusqu'au niveau du plancher ; quatre colonnes ioniques la décoraient. Au-dessus d'un entablement du même ordre se voyait le cadran de l'horloge. Ce cadran, surmonté d'un large écusson aux armes de France et de Potier de Gesvres, seigneur de Blérancourt, gouverneur général de Péronne, Montdidier et Roye, était orné de pilastres et de rampants de pierre.

En 1749, sous l'administration du maire Edouard Bosquillon, cette façade, qui tombait en ruines, fut refaite telle qu'on la voit sur notre gravure. La fenêtre de l'étage fut descendue jusqu'au plancher, et on y ajouta un balcon ; les colonnes renflées furent remplacées par des colonnes droites ; les armes de France et de Potier de Gesvres, les rampants du cadran de l'horloge disparurent ainsi que les Amours de la porte d'entrée, et les armes de la ville furent fixées au panneau en fer forgé du balcon. Lors de la Révolution de 1848, ces armes furent enlevées à cause des fleurs de lys qui entourent le donjon, mais elles y furent replacées en 1863 avec la couronne comtale au-dessus.

En 1842, quelques réparations furent faites à la façade. Ces réparations et la réfection de 1749 laissèrent subsister les deux frises en pierre que l'on remarquait au-dessus du rez-de-chaussée et de l'étage, et qui étaient les principaux morceaux de sculpture du monument, morceaux assez grossièrement exécutés d'ailleurs.

Les murs latéraux restèrent ce qu'ils étaient primitivement, percés chacun de deux fenêtres étroites placées l'une au-dessus de l'autre. Celles du rez-de-chaussée étaient ornées de pilastres d'ordre dorique, et celles de l'étage, de pilastres d'ordre ionique. Au-dessus de la fenêtre de l'étage, côté sud, on voyait un trou fait par un obus prussien en 1870.

(1) 960 k. 860 gr.

Du pavé de la place au sommet du monument, on comptait 19 m. 38 de hauteur.

Sur le devant du campanile, se trouvait notre fameux jacquemart en bois, appelé, on ne sait pourquoi, Jean Duquesne. Peutêtre, comme le dit le P. Daire, ce nom lui fut-il donné à cause du bois dont il est fait, (en picard, *Chêne* se dit *Quêne*.) Ce fut vers 1547 que cet automate fit son apparition au sommet de la maison commune. Le peuple cria contre l'innovation. Aujourd'hui, il crierait si on le privait de son carillonneur, qu'on s'est d'ailleurs empressé de remettre à son poste sur le nouvel Hôtel de Ville. Jean Duquesne continuera donc à sonner l'heure, le tocsin et à annoncer les fêtes.

Mais les personnages haut placés vieillissent comme les autres. Tout à coup, Jean Duquesne ne peut plus mouvoir les bras, il a les épaules rongées par des chancres inguérissables ; aussi faut-il le remplacer. Nous en sommes au cinquième de la dynastie. Ce dernier sonneur, fut installé sur la maison commune le 13 février 1875. Il remplaçait celui fait par un ferblantier nommé Jardé, quarante ans auparavant, et qu'on remisa au musée Hourdequin. Sculpté par un tailleur de pierres, M. Nestor Corson de Thieux, (Oise), d'après une maquette en glaise de M. Léopold Asselin, il a coûté 200 francs.

Avant l'arrivée de Jean Duquesne à son pinacle, il y avait déjà une horloge au haut de la maison de ville. Peut-être, la première qui y fut placée, fut-elle celle que l'échevinage acheta le 1er février 1473 pour 12 livres à François l'Agache, de Moreuil. En 1527, on acheta à Noyon une autre horloge moyennant 60 livres. En 1747, cette horloge fut remise à neuf par François Mannier, horloger et armurier à Montdidier. Enfin, en 1851, le mécanisme fut entièrement renouvelé par M. Renard, horloger à Ferrières. La dépense s'éleva à 1575 fr. En 1875, l'horloge fut encore réparée et le système de la sonnerie en partie modifié et renouvelé ; on remplaça le cadran opaque par un cadran transparent en cristal, et l'on installa un système d'éclairage au gaz pour la nuit.

Le pavillon de l'Hôtel de Ville était, ai-je dit, divisé en cinq parties. La première pièce du rez-de-chaussée était un vestibule de 6 m. 50 de largeur sur 6 m. 90 de profondeur, pavé en briques, aux murs blanchis à la chaux. Lors des passages de troupes, cette pièce servait de corps de garde, et, autrefois, pendant les foires, des marchands de jouets venaient s'y installer.

Dans la muraille du fond, était pratiquée une porte cintrée, ornée de pilastres et d'un fronton en mauvais état. Elle donnait accès dans une autre pièce de 8 m. 62 de long sur 6 m. 50 de large, et qui, pendant un certain nombre d'années, servit de dépôt pour les pompes à incendie. A partir de 1880 jusqu'en 1894, la musique municipale y fit ses répétitions.

Cette pièce était éclairée par deux fenêtres donnant sur la cour où se trouvaient autrefois adossés au pavillon, le logement du concierge et le cachot municipal ; au fond de la cour existe encore un hangar couvert en tuiles.

Jusque fin 1878, on voyait à droite, dans la seconde pièce du rez-de-chaussée du pavillon, un escalier en chêne qui conduisait à l'étage. Cet escalier aboutissait à un corridor menant à la chambre du Conseil municipal. (1) A droite, était le secrétariat et un ancien garde-meuble. (2)

La salle du conseil était bien éclairée. Aux murs étaient accrochés les portraits d'anciens administrateurs et d'anciens notables de la ville; de Montdidériens ayant acquis autrefois quelque notoriété dans les arts et les lettres. Je citerai entre autres portraits ceux de : Cauvin de Perceval, qui fut membre de l'Institut et professeur d'arabe au Collège de France ; Jean Augustin Capperonnier, conservateur de la bibliothèque nationale ; Galoppe d'Onquaire, poète et romancier ; Camille Chandon, Jean Ballin, baron de Septenville, Charles Mangot, Ferlin, Fabignon, Bosquillon de Jenlis, de St-Fussien, Cousin de Beaumesnil, Coquerel, anciens maires de Montdidier ; Liénart, Labordère, Jametel, anciens députés ; Jean Dupuy, notable, etc., etc.

A droite, on voyait une belle cheminée en marbre de style Louis XV, laquelle a été placée dans la salle des commissions du nouvel Hôtel de Ville ; au-dessus de la cheminée, il y avait le portrait du président de la République ; sur le mur, en face, le buste de la République.

On entrait dans cette salle par deux portes à deux battants donnant, l'une sur le corridor, l'autre sur l'ancien garde-meuble. Entre les deux portes, on avait ouvert une large brèche dans la boiserie, et l'on apercevait à travers une vitre le mécanisme en cuivre de l'horloge. Sous l'administration de M. Baudelocque, fut placé devant cette brèche, un corps de bibliothèque en bois noir, surmonté des armes de la Ville, et dans lequel on déposait tous les livres offerts à celle-ci. Les ouvrages les plus importants renfermés dans cette armoire, étaient le grand dictionnaire Larousse, l'histoire de Montdidier et les documents inédits sur la Picardie par M. Victor de Beauvillé, les mémoires de Scellier, les écrits de Galoppe d'Onquaire, ceux de Boucher de Perthes, etc.

Les portes d'entrée de la salle étaient surmontées, l'une des armes de Montdidier, l'autre des armes de France ; ces écussons étaient accompagnés de guirlandes de fleurs assez délicatement travaillées, le tout sculpté sur bois. On eut bien dû garder ces panneaux qui ont été vendus pour un prix insignifiant. A gauche de la bibliothèque, était le buste de Parmentier ; à droite, celui de Dallery, inventeur de l'hélice.

Le secrétariat ne méritait pas d'attirer l'attention. Un bureau en acajou, quelques chaises, et c'était tout ; les archives étaient renfermées dans des placards qui occupaient tout un côté de la pièce.

Outre l'embryon de bibliothèque communale dont je viens de parler, la ville possède une bibliothèque populaire qui compte environ 1,300 volumes (chaque lecteur peut garder dans son domicile, pendant une quinzaine de jours, l'ouvrage qui lui est confié).

Montdidier n'a pas de musée. Il y a plusieurs années, un sieur Mahieux, cantonnier, amateur de faïences anciennes, lui fit don

(1) Après 1878, ce corridor servit de dépôt pour les journaux et vieux papiers.
(2) En 1878, ce garde meuble fut transformé en palier.

de sa collection comprenant une centaine de pièces, aujourd'hui renfermées dans trois caisses clouées. Mahieux donna aussi des silex taillés, des monnaies, etc... Ces objets et les bustes des trois derniers rois se trouvent dans l'atelier de peinture de M. L. Asselin. Ils serviront à commencer le musée que la municipalité montdidierine ne manquera pas d'organiser dans le nouvel hôtel de ville.

Il est fâcheux que, jusqu'ici, nos édiles n'aient pas jugé à propos de collectionner dans la maison commune, les objets anciens trouvés, soit dans la ville, soit dans les environs. Mais ce qu'ils n'ont pas fait, un de nos concitoyens (décédé depuis quelques années) l'a réalisé chez lui, empêchant ainsi un grand nombre de curiosités intéressantes pour notre histoire locale, d'être emportées par des amateurs ou des marchands étrangers. Le but de M. Hourdequin était certainement, s'il avait vécu, de les offrir à la ville aussitôt que celle-ci aurait eu un musée. D'ailleurs, la plupart des personnes qui lui ont apporté leurs trouvailles, ont toujours espéré voir celles-ci figurer un jour dans notre maison commune, et non rester dans une collection particulière qui, un jour ou l'autre, peut être dispersée. La fille de M. Hourdequin, Mme Lepage, n'oubliera certainement pas que la place de tous ces objets est dans le nouvel hôtel de ville. Quant au Conseil municipal, désormais, il votera tous les ans — nous en avons le bon espoir — un crédit pour l'achat de choses rares, destinées à augmenter notre rudimentaire collection.

Dans la séance du conseil du 12 novembre 1861, M. le maire Mangot annonça que M. Florent Cardenier, ancien huissier, qui venait de mourir, avait légué à la cité sa maison attenant à l'Hôtel de Ville et dont la façade en pierre était du style Henri II.

Le 6 mars 1864, la ville acheta, moyennant 7,000 fr., aux héritiers Pargon-Maréchal, la maison située à droite de l'Hôtel de Ville et qui était occupée par M. Foulloy, vannier.

Pendant plusieurs années, ces maisons furent louées par la ville à des particuliers elles rapportaient 918 francs.

En 1874 et 1875, on fit, à l'étage de la maison Cardenier, une grande salle pour les assemblées de nos diverses Sociétés, et un cabinet pour le maire. Les dépenses, y compris peintures et installation de l'éclairage au gaz, s'élevèrent à 2,787 fr. 50.

Au cours de l'année 1876, on dépensa, au rez-de-chaussée de la maison Cardenier, 1800 francs pour y installer la Caisse d'épargne qui logeait dans la grande salle des réunions, et payait pour cela 800 fr. par an. Dans cette salle, avaient lieu aussi les répétitions de la musique municipale. Elle servait encore pour les audiences du juge de paix, et, pendant quelques années, un groupe de jeunes montdidériens y offrit aux jeunes filles de la ville des bals qui obtinrent un très vif succès.

Cette pièce avait 11 m. 50 de long sur 5 m. 35 de large. Elle était éclairée par deux fenêtres donnant sur la place et deux autres sur la rue. Les murs étaient tapissés d'un modeste papier; le plafond était en sapin verni avec cinq petites ouvertures garnies de vitraux. Sur une estrade, était placé le bureau du juge de paix.

Le cabinet du maire se trouvait entre la salle de réunion et celle du Conseil. On y voyait une cheminée en marbre, sur laquelle était une pendule Louis XVI. Aux murs, étaient appendus plusieurs lithographies de la Société des Amis des Arts d'Amiens, un tableau représentant une vue de cette ville, peinte d'après une gravure du XIIIe siècle, une peinture de Girardet (1837). En 1879, on y plaça un tableau offert par les familles Trouessart et de Bracquemont, et représentant le panorama de Montdidier au 17° siècle.

Pendant l'année 1878, divers travaux furent encore exécutés dans le rez-de-chausée de la maison Cardenier, en vue du changement du logement du concierge qui, depuis quelques années, occupait les locaux donnant sur la place. La Caisse d'Epargne s'installa dans ces locaux en 1879, et, de ce chef, paya, à la ville une indemnité annuelle de 1,000 francs. Le concierge habita alors le rez-de-chaussée de l'aile s'étendant dans la cour; au-dessus de ce rez-de-chaussée étaient des chambres, qu'on n'appropria jamais, et qui servaient pour remiser les défroques municipales. Cette année-là, fut construit dans la maison Cardenier, le grand escalier qui donnait accès dans la plupart des pièces de la maison commune; il comptait une trentaine de marches; un vestibule de 11 m. 50 de long sur 2 m. 95 de large, ayant entrée par une porte cochère sur la place, y conduisait. L'escalier en chêne du pavillon fut démoli; il était vermoulu. La même année, on restaura aussi la façade de la maison Cardenier; on y fit une ornementation en harmonie avec la petite façade Henri II.

Dans la cour de la maison Cardenier, se trouvait un bâtiment en briques que le testateur avait acquis de son voisin, le sieur Fleurant, ferblantier. Vers 1874, on y logea l'un des appariteurs de la ville; c'est contre cette maison qu'on reconstruisit le cachot municipal, lorsque l'on démolit celui qui attenait au pavillon.

A la fin de 1883, la maison Pargon-Maréchal était en pitoyable état; on répara la toiture et l'on remplaça les gouttières.

En 1885, on refit la façade de cette même maison; un peu plus tard, on répara aussi la façade de la maison de Cardenier.

Mais tous ces travaux ne consolidaient guère les bâtiments; c'était un décor qui cachait des ruines. Alors, pendant huit ans, on discuta si l'on restaurerait encore ou si l'on démolirait pour faire une construction neuve. L'administration de la Caisse d'épargne, qui disposait d'une réserve considérable, offrit à la ville de reconstruire en commun. Sur cette demande, les conseillers se partagèrent : neuf pour, neuf contre; le maire, ayant voix prépondérante, était avec les premiers, mais il n'usa pas de sa prérogative, et il fit voter une enquête officieuse. Alors, la Caisse d'Epargne projeta l'achat du Café du Commerce pour s'y installer. Le Conseil municipal la pria d'attendre, puis, lui proposa la reconstruction en commun. Refus de la Caisse qui, toutefois, décida de ne plus acquérir le Café du Commerce.

Pendant les discussions, les eaux des égouts et des urinoirs de l'Hôtel de Ville causaient des effondrements dans les caves, sous la voie publique et le Café du Commerce; il fallut faire des travaux de soutènement. En vain, le 12 juillet 1892, le Conseil municipal adoptait un projet tendant à faire une restauration d'après un plan d'ensemble; deux années plus tard les murs du côté nord de l'Hô-

tel de Ville chancelaient sur leurs bases et il fallait les étayer. Il
devenait de plus en plus difficile de réparer. On voulut en finir.
La ville avait dans ses caisses 70,000 francs, provenant d'une ré-
cente vente à la Caisse d'Epargne de dix ares de terrain dans le
jardin public ; on ne serait pas pris au dépourvu, et, à la fin de
juillet 1895, on décida de faire appel aux architectes, en organisant
un concours entre eux; chaque concurrent devait déposer deux
plans, l'un de reconstruction, l'autre de restauration. Une somme
de 6.000 francs fut votée pour faire face à ce concours, qui eut lieu
du 24 novembre au 12 décembre, dans la salle de la justice de
paix, habilement disposée par M. Camille Delaruelle, artiste
peintre à Paris.

Le 27 décembre, M. le maire donna le résultat du concours :
les deux projets ayant obtenu les deux premiers prix, avaient pour
auteur M. Henri Schmitt, de Paris, et, séance tenante, le Conseil
adopta le projet de reconstruction sur terrain nu.

Par suite de modifications demandées par le comité départe-
mental des bâtiments publics, le devis s'éleva à 204,887 fr. 75,
mais l'adjudication des travaux donna un rabais de 20,560 fr. 50.
Le 8 juillet 1896, fut voté un emprunt de 120,000 francs.

Le 30 novembre suivant, on commença à démolir les bâtiments;
le 13 février 1897, cette démolition était terminée, et les pierres en
provenant étaient transportées derrière la gendarmerie, dans l'ancien fossé de la ville.

Elles n'y sont plus. Que sont-elles devenues? Personne ne s'é-
tant offert pour les racheter — ce qui est regrettable, car elles
eussent pu servir à élever quelque portique dans le jardin public
— l'entrepreneur, à qui elles appartenaient, les a employées dans
les fondations de la belle maison que Mme veuve Dangez, fait construire sur l'emplacement de l'ancien square St-Luglien.

Quand reverront-elles le jour ? Peut-être jamais.

A Montdidier, nous n'avons pas assez le culte des souvenirs.
Nous ne gardons rien de nos anciens monuments. En 1863, en dé-
molissant une épaisse muraille dans la petite rue de l'Abreuvoir,
on découvrit de nombreux restes de fûts de colonnes et des chapi-
teaux, qui provenaient de l'église de Notre-Dame du Prieuré. Ces
vénérables pierres avaient été également employées comme moel-
lons de fondations. Nous ne devrions jamais oublier que les monuments d'un pays sont aussi des livres où l'on étudie son histoire.
Respect aux œuvres de nos ancêtres ! Je sais des petites villes qui
l'ont bien compris et qui conservent précieusement tous les objets
présentant pour elles quelque intérêt historique. Quand ferons-
nous de même?

III

Et maintenant, puisque j'ai entrepris de faire un précis historique du monument de Le Pot, ma tâche sera terminée lorsque
j'aurai succinctement raconté ce qui s'y passa, de sa construction
à sa disparition.

En 1636, les Espagnols commandés par Jean de Wœrth et
Piccolomini, se présentèrent devant Montdidier, qu'ils sommèrent

de se rendre. Un grand nombre d'habitants se réunirent à l'Hôtel de Ville, et, bien que le roi ne leur eût pas envoyé de secours, ils jurèrent de s'ensevelir sous les ruines de la cité plutôt que de céder. L'ennemi fut repoussé après avoir subi de grosses pertes.

En novembre de la même année, on reçut Louis XIII, qui revenait de Corbie.

Au mois d'août 1653, Condé, qui s'était révolté, vint camper à Guerbigny. Il somma Montdidier de lui fournir 100 muids de vin et 50.000 rations de pain ; si la ville refusait, elle serait pillée. A l'Hôtel de Ville, les notables discutèrent avec les envoyés du prince, et celui-ci finit par se contenter de 64 muids de vin et de 30.000 rations de pain. Jacques Boullé était maire.

Le 7 septembre 1653, Louis XIV passa à Montdidier, on lui offrit seize gâteaux et 48 bouteilles de vin ; il visita l'Hôtel de Ville. Ce roi était déjà venu avec sa mère, en 1646. Le 12 septembre 1654, il y vint encore ; la reine l'accompagnait.

En 1659, un grand nombre d'habitants réunis à l'Hôtel de Ville, fêtèrent, le verre en main, la conclusion du traité des Pyrénées qui mettait fin à la guerre entre la France et l'Espagne. Sur la grande place, on avait élevé une forteresse au-dessus de laquelle était la statue de Bellone; un génie descendit de la fenêtre de l'Hôtel de Ville et mit le feu à la forteresse; la déesse de la guerre fut brûlée au bruit des salves d'artillerie, des fanfares et des acclamations de la population.

Au mois de septembre 1729, de nouvelles réjouissances eurent lieu à l'occasion de la naissance du Dauphin. Il y eut banquet et feu de joie. L'Hôtel de Ville fut splendidement illuminé. Sur le côté gauche de la façade, on voyait une Renommée annonçant à la France, placée au côté droit, la naissance du Dauphin. Un soleil composé de pièces d'artifice surmontait les armes de France.

En novembre 1744, autres fêtes à la mairie à propos de la guérison de Louis XV. Il y eut un somptueux repas terminé par un bal. Le portrait du roi était placé au-dessus de la porte d'entrée de l'Hôtel de Ville, sous un dais de damas cramoisi avec franges et galons en or.

Au mois de juin 1775, on fêta le sacre de Louis XVI ; des pyramides et un édifice d'ordre ionique décoraient la façade de la mairie qui fut brillamment illuminée le soir. Au balcon, on avait placé les armes de France.

Avec 1789, nous abordons les événements de la Révolution. Le 27 juillet, les habitants de Moreuil amenèrent à l'Hôtel de Ville, M. de Braches, capitaine aux gardes du roi et plusieurs officiers trouvés chez lui ; ils étaient considérés comme suspects, et la foule voulait leur faire un mauvais parti ; ils s'en tirèrent en signant une déclaration dans laquelle ils protestaient de leur dévouement à la patrie. Ils lurent cette déclaration au balcon et crièrent : Vive le Roi ! vive le Tiers-Etat !

Le 14 juillet 1790, on fêta la Fédération à l'Hôtel de Ville ; cet édifice fut de nouveau décoré.

Le 20 septembre suivant, M. Cousin de Beaumesnil, procureur de la Commune, apposa les scellés sur les papiers du greffe.

Le 23 mai 1791, un grand nombre d'habitants conduits par les citoyens Le Masson, marchand de bas, et Sonnet, épicier, envahirent la mairie, accusant la municipalité de soutenir les Frères de la doctrine chrétienne, qui avaient refusé le serment constitutionnel et n'avaient pas voulu mener les enfants à l'église St-Pierre, le jour où le clergé avait donné connaissance de la première lettre pastorale de l'évêque constitutionnel Desbois de Rochefort. On venait de huer le secrétaire de la mairie, qui avait voulu lire au balcon le décret de l'Assemblée nationale invitant les citoyens au respect de la liberté individuelle et des opinions religieuses. Une scène très violente se passa entre Le Masson, Sonnet et le maire Cousin de Beaumesnil. Le Masson parlait de jeter le secrétaire par la fenêtre ; Sonnet voulait faire comparaître les Frères devant lui. Le maire garda son sang-froid et parvint à calmer la foule.

Le 28 juillet suivant, à l'Hôtel de Ville, le maire, Cousin de Beaumesnil, adressa un discours de félicitations à l'évêque Desbois de Rochefort, qui était entouré de ses grands vicaires, des officiers municipaux, de ceux de la Garde nationale et d'une grande affluence de peuple.

Le 18 septembre, même année, le secrétaire de la mairie, lut, au balcon, la prestation de serment du roi.

Le 1ᵉʳ mai 1792, près du perron de l'Hôtel de Ville, fut planté le premier arbre de la liberté ; il était surmonté du bonnet phrygien.

Le 5 août suivant, le citoyen Leroux, qui avait remplacé le citoyen Cousin à la mairie, lut au balcon le décret de la Législative déclarant la patrie en danger et invitant tous les citoyens à la défendre.

Le 4 novembre, eurent lieu de grandes fêtes à l'occasion de la levée du siège de Lille où s'étaient distingués les volontaires montdidiérins. A la maison commune, les citoyens se donnèrent le baiser fraternel et d'union.

Le 3 avril 1793, conformément à la loi du 18 mars précédent, on organisa à la mairie un service de permanence pour observer ce qui se passait et consigner sur un registre les événements dont la ville serait le théâtre.

Quatre jours après, fut lu, au balcon, en présence du peuple, le décret de la Convention mettant Dumouriez hors la loi et accordant 300.000 francs de récompense à qui l'amènerait mort ou vif à Paris. Cette journée-là, le maire, M. Pucelle, préta serment de maintenir la liberté, l'égalité, de respecter en tout les lois de la Convention et de ne pas reconnaître d'autre autorité ; le même serment fût répété par tous les fonctionnaires.

Le 18 août, André Dumont et Joseph Lebon, commissaires de la Convention dans la Somme, se rendirent à l'Hôtel de Ville où ils eurent une entrevue avec le Conseil municipal, le Conseil général de la Commune et le Directoire.

Le 15 novembre suivant, devant la mairie, on brûla tous les titres, papiers et registres relatifs aux redevances seigneuriales, droits féodaux, etc. Le Livre Rouge où l'on notait les principaux faits de la ville, et qui avait échappé à plusieurs incendies, fut détruit dans cet autodafé.

Le 28, sur l'invitation de membres de la Société populaire qu'accompagnait Norbert Laurent, commissaire de la Convention, le

Conseil municipal décida de célébrer la fête de la Raison et de fermer les églises.

Le 3 décembre, de nombreux habitants, presque tous des faubourgs St-Médard et St-Martin, vinrent, à l'Hôtel de Ville protester contre la suppression du culte et les changements que l'on opérait dans l'église St-Pierre, en vue de la fête de la Raison.

Le 9 janvier 1794, fête de la Raison : Les bustes de Lepelletier St-Fargeau et de Marat furent portés processionnellement de l'Hôtel de Ville au temple de la Raison (église St-Pierre). En sortant du temple, la déesse, Suzanne Couvreur, fille d'un marchand de bas, entra à la mairie où elle déclara qu'elle désirait la liberté de tous les détenus. Le conseil général de la commune s'associa à ce vœu, et le peuple cria : Vive la République !

Le 20 du même mois, on ouvrit à la mairie un registre sur lequel les citoyens inscrivirent les dons qui seraient offerts à la citoyenne Couvreur, le jour de son mariage.

Le 17 février, M. Pucelle demanda que Montdidier changeât son nom en celui de *Montagne du Désir.* Cette proposition fut ajournée.

Pendant le Directoire, le Consulat et l'Empire, aucun événement un peu saillant ne se passa à l'Hôtel de Ville.

Le 29 avril 1814, Louis XVIII, passant à Montdidier avec la duchesse d'Angoulême, se rendit à la mairie. M. Lefebvre, curé de St-Pierre, lui exprima toute la joie qu'il ressentait de sa présence ; comme un autre Siméon, il s'écria : « Maintenant, je puis mourir, j'ai vu mon roi. »

Le 2 juin 1824, sur le rapport de M. Cousin de Lamorlière, le Conseil municipal décida l'établissement de droits d'octroi sur les boissons pour pouvoir combler le déficit du budget, lequel s'élevait à 2,610 fr. 50. A cette époque, les revenus de la ville ne dépassaient guère 5,600 fr. Le tarif d'octroi fut ainsi établi : 1 fr. 10 par hectolitre de vin, 3 fr. 50 par hectolitre d'alcool et 0,38 centimes par hectolitre de cidre.

A partir du 1er janvier 1899, les droits sont ainsi perçus à l'hectolitre par suite des modifications adoptées par le Conseil municipal dans ses délibérations des 15 février et 17 avril 1897, 7 juin 1898 :

Vins en cercle et en bouteilles (1) 0,55 c. ; cidres, poirés et hydromels (2) 0,35 c. ; alcool pur contenu dans les eaux-de-vie, esprits, liqueurs et fruits à l'eau-de-vie, absinthe, 11 fr. ; bières, 1 fr.

Mais nous voici à l'année 1830. O fragilité des convictions des hommes politiques ! Beaucoup de ceux qui avaient, tour à tour, acclamé la Convention, le Directoire, l'Empire, la Royauté sont redevenus républicains. Quelques mois plus tard, ils étaient de nouveau monarchistes. Le 30 août, ils saluèrent à l'Hôtel de Ville la procla-

---

(1) Pour la perception, la bouteille commune est considérée comme litre, et la demi-bouteille comme demi-litre, en ce qui concerne les vins. (Art. 145 de la loi du 28 avril 1816.)

(2) Les vermouths, vins de liqueurs ou d'imitation ne sont pas assujettis à la taxe afférente aux vins ; ils sont imposés pour leur force alcoolique totale.

mation adressée par le roi Louis Philippe 1er à la France. La lecture de cette proclamation fut faite par M. Labordère, 1er adjoint.

Le 26 septembre suivant, eurent lieu l'installation de M. Ballin en qualité de maire et la remise du drapeau tricolore à la garde nationale. Sur les marches de l'Hôtel de Ville, M. Beaucourt, élève de l'école royale de M. Choron, chanta la *Parisienne*. Cet air excita un vif enthousiasme.

Le 26 décembre, le buste de Louis-Philippe fut inauguré solennellement à la mairie en présence des autorités, du Conseil municipal et des notables. Après le discours du maire, le buste fut exposé au balcon, et la garde nationale défila devant lui.

Le 3 mars 1848, on sonna la cloche du beffroi et le maire Chandon lut, sur le perron, la circulaire proclamant la République.

Le 17 juin 1849, il y eut fête à l'Hôtel de Ville à l'occasion de la distribution des drapeaux aux gardes nationales de l'arrondissement.

Les 21 et 22 novembre 1852, eut lieu, à la mairie, le scrutin relatif au rétablissement de l'Empire. Ce scrutin donna le résultat suivant : 867 oui, 86 non, 33 bulletins nuls.

Le 22 octobre 1865, le maire et le Conseil municipal, réunis à la mairie, se joignirent au cortège qui descendait de l'église St-Pierre avec les reliques des Saints Lugle et Luglien, pour aller inaugurer l'usine à gaz, route de Rouen.

Le 27 juin 1853, le Conseil municipal décida la création d'un abattoir public, et, le 18 octobre 1854, il adopta définitivement le tarif de cet abattoir.

En 1853, on créa la Caisse d'Epargne qui fut autorisée par décret du 3 mars 1854.

En 1856, fut décidée la construction d'une salle d'asile, dont la direction a été confiée aux filles de St-Vincent de Paul, sous la surveillance de la commission administrative du bureau de bienfaisance. Cette salle fut terminée l'année suivante.

Le 12 octobre 1870, du haut du balcon, le sous-préfet Lamarle remercia les gardes nationaux de l'arrondissement qui s'étaient empressés d'accourir défendre Montdidier menacé par les Allemands.

Le 17 octobre, jour à jamais néfaste dans nos annales ! après avoir bombardé la ville pendant une demi-heure, le major de cavalerie Von Funck, de la garde royale de Saxe, venu avec lui un escadron de dragons de la garde saxonne, une compagnie du 2me régiment de la garde prussienne et quatre pièces de canon, entra à la mairie où se trouvait le Conseil municipal, et imposa ses conditions : une contribution de guerre de 50,000 fr. et des fournitures s'élevant à 1,764 fr. Il emmena avec lui M. Baudelocque, maire et M. Paul Durand, premier adjoint, pour le règlement des réquisitions auxquelles serait assujettie la ville.

Le 5 décembre suivant, les membres du Conseil municipal, dont les uns avaient volontairement démissionné et les autres avaient été révoqués par le Préfet de la Somme après la journée du 17 octobre, vinrent de leur chef, reprendre possession de leurs sièges à l'Hôtel-de-Ville.

Le 5 mars 1871, on enleva du campanile de la mairie le drapeau blanc parlementaire qui y avait été arboré le 17 octobre.

Dans le courant d'août 1876, les notables et les commerçants tinrent, à l'Hôtel-de-ville, sous la présidence du maire, des réunions pour l'organisation de fêtes à l'occasion de la foire de septembre et du concours du Comice Agricole. Ces fêtes, pour lesquelles on ouvrit en ville une souscription, furent très brillantes. Il y eut cavalcade, festival de musiques, splendides illuminations, etc. Le conseil municipal vota 1,000 francs.

Le 7 mars 1878, à l'occasion des obsèques de M, Charles Mangot, ancien maire, la façade de l'Hôtel-de-Ville fut toute tendue de noir.

Août 1878 : Les commerçants et les notables tinrent de nouvelles réunions à la mairie pour l'organisation de fêtes en septembre. Celles-ci aussi réussirent admirablement. Il y eut des courses vélocipédiques et encore un festival.

En novembre et en décembre, des commerçants, des industriels et des propriétaires de la région se réunirent quatre fois à l'Hôtel-de-Ville pour s'occuper du projet de M, Félix de Beauvillé, tendant à la création d'un canal reliant la Somme et l'Oise par l'Avre et les Doms. Ce projet, qui eût très probablement amené dans notre ville une prospérité commerciale et industrielle qu'on n'y connaît plus depuis longtemps, ne put malheureusement pas aboutir malgré tous les efforts de nos compatriotes.

A la fin de 1879, on ouvrit à la ville une souscription en faveur des ouvriers nécessiteux.

Le 21 juillet 1880, l'administration municipale provoqua la formation d'une Société de tir à Montdidier ; cette Société eut une durée éphémère.

En Janvier 1881, il y eut des élections municipales ; elles furent favorables aux républicains, Le 16 mars, eut lieu l'installation de M. Baudelocque, maire, et de MM. Raviart et Carpentier, adjoints ; le soir, une fête fut donnée par la municipalité, dans l'Hôtel-de-Ville. On remarquait parmi les personnes présentes, MM. Jametel, député, Bucquoy, président du tribunal, Ris, procureur de la République, le lieutenant de gendarmerie et un grand nombre de fonctionnaires. Des tables de jeu avaient été installées dans les différentes salles ; du punch et des gâteaux furent offerts.

8 Août 1881 : Le Conseil vota 100 fr. pour une fête des Ecoles qui se fit le 14, dans la salle de récréation du Collège. Depuis, cette fête ne fût plus célébrée, ce qui est un tort. A Amiens, où elle a été instituée par Barni, elle obtient toujours un vif succès.

Le 26 octobre, sur le rapport de M. Lecul, fut créé l'octroi sur les viandes. Conformément à la proposition de M. Léon Carpentier, on décida que la perception serait faite sur le poids et non par tête comme d'aucuns l'avaient demandé. Cette perception sur le poids eut pour résultat de donner à la ville un revenu plus élevé (18,000 fr. au moins par année).

Le 1er décembre, fut adopté le tarif de cet octroi où les droits sont perçus par 100 kilos de viande : Animaux amenés à l'abattoir : Bœufs, vaches, taureaux, génisses, moutons et agneaux, 2 fr. 50 ; veaux, 3 fr. ; porcs, 2 fr. 50. — Viandes apportées du dehors sur le marché : Bœufs, vachés, moutons, 5 fr. ; veaux, 4 fr. ; porcs, 3 fr.

Par suite des modifications adoptées par le Conseil municipal dans ses séances des 15 février, 17 avril et 27 juillet 1897 les droits *appliqués par 100 kilos de viande* sont les suivants :

ANIMAUX VIVANTS DESTINÉS A ÉTRE ABATTUS

Bœufs, vaches, taureaux, génisses. moutons et agneaux, 2 fr.50; chèvres, chevreaux, 1 fr. ; veaux, 3 fr. ; porcs et cochons de lait, 2 fr. 50

VIANDES DÉPECÉES, FRAICHES OU SALÉES, ABATTUES AU DEHORS

De bœufs, taureaux, vaches, génisses, moutons et agneaux, 5 fr.; chèvres et chevreaux, 2 fr.; veaux, 4 fr.; porcs et cochons de lait, 3 fr.

Le 30 avril 1882, M. Raviart fut élu maire ; les adjoints furent MM. Léon Carpentier et Morel, médecin.

Le 9 Juin, le Conseil municipal approuva les statuts de la Caisse des Ecoles, instituée à Montdidier en exécution de la loi du 28 mars 1882.

Le 8 Janvier 1883, sur le rapport de M. Léon Carpentier, le Conseil vota par 12 voix contre 9 la création d'écoles communales à Montdidier. La lutte avait été vive, mais force dut rester à la loi.

Le 1er mai suivant, le Conseil approuva les plans et devis pour la construction des écoles, vota un emprunt de 97.000 francs et demanda au Gouvernement une subvention de 100,000 francs (il fut accordé 75,000 fr.). Le total de la dépense s'éleva à 200,000 francs environ.

Le 14 Août, le Conseil décida qu'une plaque commémorative, en marbre noir serait apposée sur la maison où naquit Parmentier. Cette plaque y fut fixée le 8 septembre.

En septembre et octobre 1883, des réunions eurent lieu pour l'organisation de la Caisse des réservistes, qui fonctionna pendant une dizaine d'années.

Le 31 Juillet 1884, fut faite à l'Hôtel-de-Ville, la distribution des prix aux élèves du pensionnat dirigé par Mlle Mignot (ce pensionnat n'existe plus).

Le 12 Octobre suivant, dans une assemblée de la Société de Secours mutuels, M. Sagebien, sous-préfet, remit, au nom du Président de la République, une médaille d'or à M. Gabriel Leroux, qui exerçait gratuitement les fonctions de trésorier de cette Société depuis 1858, date de sa fondation. Une mention honorable fut aussi décernée par le Gouvernement à M. Marcel Thuillard, vice-trésorier.

En Novembre de la même année, eurent lieu des réunions pour la Constitution de la Société de Gymnastique « l'Avenir Montdidérien ». Cette Société reçut l'autorisation préfectorale le 15 Janvier 1885.

En décembre 1884, le Conseil s'occupa de la proposition faite par Mme Jametel, de la construction à ses frais, dans le cimetière, d'une chapelle avec dépositoire. Cette offre fut acceptée le 24 mai 1886. La ville eut à dépenser 1100 francs.

Le 10 Juin 1885, on clôtura à la mairie une souscription qui y avait été ouverte en faveur des blessés du Tonkin.

Le 25 du même mois, fut faite une Conférence sur la création d'un canal maritime de Boulogne-sur-Mer à Paris, passant par Montdidier. Promoteur, M. Irénée Leys. Conférencier, M. Emile Etienne. Le 31 Juillet suivant, le Conseil donna un avis favorable à cette création qui ne s'est point réalisée faute de souscripteurs.

Le 19 janvier 1886, le Conseil décida de traiter avec la Compagnie Dubuc pour l'installation d'une distribution d'eau, et, le 24 mai suivant, pour faire face à la dépense, il vota sur la proposition de M. Léon Carpentier, un emprunt de 125,000 francs à 5 fr.25 0/0, amortissement compris, remboursable en 30 annuités, au lieu de cinquante que demandait le Crédit foncier. La conséquence de cette décision fut que, sur la différence d'intérêts de 30 à 50 ans, la ville réalisa un bénéfice de 132,000 francs. Cette distribution d'eau coûta 115.000 francs à la ville. Au début des pourparlers, M. Legros, ingénieur, représentant M. Dubuc, ne voulait pas accorder de bornes fontaines ; on en obtint 12 et 28 bouches d'arrosage. La durée de la concession fut fixée à 50 ans. Les bassins, place du Marché-aux Chevaux, ont une contenance de 550 mètres cubes.

En avril de la même année, des réunions furent tenues à l'Hôtel de Ville pour l'organisation des fêtes du centenaire de Parmentier qui eurent lieu du 26 de ce mois au 9 mai suivant et furent splendides. Le Conseil vota une subvention de 4,300 francs. Il y eut un grand festival de gymnastique, une magnifique exposition de pommes de terre, près de la fabrique de sucre, dans des bâtiments dépendant de la ferme de M. Gressot, une grande cavalcade fantaisiste, un concours de chiens, ascension d'un ballon, un concours agricole, deux banquets, feu d'artifice, etc. Le 9 mai, MM. Develle, ministre de l'agriculture, et Goblet, ministre de l'instruction publique, vinrent à Montdidier. Le premier présida la distribution des récompenses qui se fit sur une estrade devant l'Hôtel de Ville.

Le 14 août 1887, eut lieu l'inauguration du service des eaux. A quatre heures et demie de l'après-midi, après une visite à l'usine et aux réservoirs, des allocutions furent prononcées sur les marches de l'Hôtel de Ville, par MM. Legros, ingénieur de la Compagnie Dubuc, Raviart, maire, Détolle, sous-préfet. La Fanfare municipale joua la *Marseillaise* et des bouquets furent remis au maire, au sous-préfet, à M. Legros et à M. Rival, qui avait dirigé les travaux. A cinq heures, à l'Hôtel de Ville, des rafraîchissements furent offerts aux membres exécutants de la Fanfare, aux pompiers, aux gymnastes, et le maire les remercia d'avoir prêté leur concours à la fête. A la tombée du jour, un banquet fut servi dans la salle de la justice de paix. Les mets, excellents, avaient été préparés par M. Prévost, restaurateur. On ne but pas seulement de l'eau des Blancs-Murets, car, au dessert, le champagne moussa dans les verres et délia les langues. Des toasts furent portés par MM. Détolle, Raviart, Legros. MM. Hourdequin de Beaupré, Périn et Legrand, conseillers municipaux, M. Baës, commandant des pompiers.

Le 8 novembre suivant, M. Carpentier invita ses collègues du Conseil à étudier l'installation de l'éclairage électrique dans la ville (la municipalité d'alors ne redoutait pas la lumière) ; M. Carpentier était documenté, et il donna au Conseil lecture d'un intéressant exposé.

Le 6 mars 1888, MM. Carpentier et Legrand furent délégués pour aller, avec le maire, représenter la ville à l'inauguration d'une statue de Parmentier, à Neuilly-sur-Seine.

En janvier 1889, la bibliothèque communale s'enrichit des œuvres de M. Victor de Beauvillé, offertes par son frère sur la demande de M. Octave Périn.

En septembre et octobre 1889 ainsi qu'en février 1890 le Conseil s'occupa du monopole du corbillard. Ce monopole fut concédé à M. Thiémé-Watteaux.

15 mai 1892 : Installation de M. Félix Pillon, comme maire, et de MM. Richard et Périn comme adjoints.

Juillet 1894 : Pour montrer toute la douleur qu'il ressentait de l'assassinat du président Carnot, le Conseil décida qu'on ne fêterait pas l'anniversaire de la prise de la Bastille. De plus amples distributions de vivres furent faites aux indigents.

Le 19 août, le Conseil donna un avis favorable à l'acceptation, par la Commission administrative de l'Hospice, d'un legs de 20.000 francs fait par Mme Jametel, pour la fondation d'un lit à perpétuité dans cet établissement.

Le 23 mai 1895, M. Richard fut nommé maire en remplacement de M. Pillon démissionnaire ; le 30 du même mois, M. Grévin fut élu 2e adjoint, M. Périn étant devenu, de droit, 1er adjoint.

Après les élections de mai 1896, M. Richard fut réélu maire ; MM. Périn et Grévin furent réélus adjoints.

Le 8 juillet suivant, sur la proposition de M. Cachelou, le Conseil vota la création d'une bibliothèque communale populaire.

Le 23 octobre, il émit un avis défavorable à la demande de la ville de Roye, tendant à la création chez elle d'une foire aux poulains le 4 ou le 6 novembre, et nomma une commission pour examiner si cette foire ne pourrait pas être établie à Montdidier.

Le 25 octobre 1896, eut lieu l'adjudication des travaux du nouvel Hôtel de Ville. Furent déclarés adjudicataires : M. Théophile Froment, de Montdidier, pour la maçonnerie; M. Victor Duchâteau, de Roisel, pour la plâtrerie; M. Désiré Monchy, d'Albert, pour la charpente en bois et la menuiserie; M. Charles Vallé, de Compiègne, pour la couverture, le zincage et la plomberie ; M. Joseph Deprez, de Verberie (Oise), pour la serrurerie; M. Ernest Noël, de Paris, pour la peinture et la vitrerie.

IV

Le lundi 23 novembre 1896, les services de la mairie furent transportés rue Victor-Hugo, dans une maison appartenant à Mme Jullien-Carrier, de Figuières et louée par cette dame à la Ville, pour trois ans, moyennant 700 fr. par an.

Voici quelques-unes des décisions qui furent prises dans ce local et le principal événement qui s'y passa :

Le 15 février 1897, le Conseil décida de demander à l'autorité compétente la création d'une foire aux poulains à Montdidier, le premier samedi de novembre. Cette foire fut fixée au 9 novembre de chaque année ; elle eut lieu pour la première fois en 1898.

Le 15 Février 1897, fut aussi votée la mise en adjudication du petit square St-Luglien sur la mise à prix de 1,200 fr. Ce terrain fut adjugé à Mme Vve Dangez, propriétaire, moyennant 2,500 fr. de prix principal outre les charges.

Le 22 mai suivant, le Conseil émit un avis favorable au classement, dans les monuments historiques, de la cuve, en pierre de Tournai, des fonds baptismaux du XII⁰ siècle, conservés dans l'église St-Pierre. Ce classement fut opéré par arrêté du ministre de l'Instruction publique en date du 23 octobre de la même année.

Le 17 décembre 1898, il fut procédé à l'adjudication des droits de marché pour les années 1899, 1900 et 1901. Le montant de cette adjudication s'éleva à 1395 fr. En 1895, la ville avait obtenu 1,910 fr. Différence en moins 515 fr. Nos marchés perdent tous les ans de leur importance. Au point de vue commercial et industriel, notre cité ne cesse de décroître. Les grandes villes absorbent tout.

Dans la nomenclature ci-dessus, j'ai laissé de côté un grand nombre de faits et de décisions qui ont aussi leur importance : ainsi, j'ai fort peu parlé des élections municipales et des réunions de la Société de Secours Mutuels. J'ai passé sous silence les conférences horticoles et agricoles faites dans la maison commune ; les élections de délégués sénatoriaux, les réceptions, par la municipalité, des musiciens, gymnastes et pompiers, au retour des concours où, après de brillantes luttes, ils ont presque toujours remporté les premiers prix ; tout cela m'eût conduit fort loin. J'ai dû, pour éviter d'être trop long, m'en tenir aux choses absolument essentielles au point de vue de l'histoire locale, heureux si j'ai pu intéresser quelque peu le lecteur.

VALERY FRÉZON.

P.-S. — J'adresse mes plus vifs remerciments aux magistrats municipaux et à M. Henri Bail, l'excellent secrétaire de la mairie, pour la gracieuseté dans laquelle ils ont mis à ma disposition les documents qui m'ont permis d'écrire cette monographie.
V. F.

239

9 782019 301156